Laotse

Tao Te King

Laotse

Tao Te King

Das Buch vom Lauf des Lebens

德

75 Jahre
OTTO WILHELM BARTH VERLAG

Limitierte Jubiläumsausgabe 1999

Einzig berechtigte Übersetzung aus dem Chinesischen
von Walter Jerven

Einbandgestaltung: Gerhard Noltkämper

Laotse. Steinabreibung aus der T'ang-Zeit

ERSTES BUCH

I

DAS Wesen / das begriffen werden kann /
Ist nicht das Wesen des Unbegreiflichen.
Der Name / der gesagt werden kann /
Ist nicht der Name des Namenlosen.
Unnambar ist das All-Eine / ist Innen.
Nambar ist das All-Viele / ist Außen.
Begehrdenlos ruhen / heißt Innen erdringen.
Begehrdenvoll handeln / heißt beim Außen verharren.
All-Eines und All-Vieles sind gleichen Ursprungs /
Ungleich in der Erscheinung.
Ihr Gleiches ist das Wunder /
Das Wunder der Wunder /
Alles Wunder-Vollen Tor.

II

WER da sagt: Schön / schafft zugleich: Unschön.
Wer da sagt: Gut / schafft zugleich: Ungut.
Bestehen bedingt Nichtbestehen.
Verworren bedingt Einfach.
Hoch bedingt Nieder.
Laut bedingt Leise.
Bedingt bedingt Unbedingt.
Jetzt bedingt Einst.
Also der Erwachte:
Er wirkt / ohne zu werken.
Er sagt / ohne zu reden.
Er trägt alle Dinge in sich zur Einheit beschlossen.
Er erzeugt / doch besitzt nicht.
Er vollendet Leben / beansprucht nicht Erfolg.
Weil er nicht beansprucht / erleidet er nie Verlust.

III

AUSGEZEICHNETE nicht bevorzugen /
So sind nicht Gezeichnete.
Besitz nicht schätzen / so sind nicht Besitzgierige.
Nicht werten das Außen / so ist nicht Unwert im Innen.
Also der Erwachte:
Er macht Volkes Herz begehrdenlos /
Und es wird Überfluß haben.
Schwindet Begehren / erscheint Kräftigkeit.
Nicht übt er Gescheitsein /
Und sind Gescheite / so beirrt er sie im Handeln.
Ist Nichthandeln /
Geschieht die Große Ordnung.

IV

DAS Wesen ist gleich wie die Leere eines Gefäßes.
Wer Wesen auswirkt / ist wie die Leere /
Und sammelt nicht an.
Leer ist es dennoch der unermeßliche Schoß aller Dinge.
Standpunkte entgipfelnd /
Aus löst es Daseins Verworrenheit.
Überschattend Blendung /
Auf hellt es Einklang des Seins.
Stet ist seine Beschlossenheit.
Unkund seiner Herkunft erkennen wir:
Es war vor dem Angang alles Geschehens.

V

DAS Unermeßliche kennt nicht Einzel-Liebe /
Es durchdringt Alles und bringt sich dar.
Der Erwachte kennt nicht Einzel-Liebe /
Er durchdringt Alles und bringt sich dar.
Gleicht nicht das Unermeßliche einem Blasebalg?
Seine Leere ermöglicht seine Fülle.
Schnell erschöpft sind die Wogen der Liebe und des Hasses.
Nie erschöpft sich die innere Meeresruhe.

VI

DIE tiefe Ruhe dauert.
Sie ist die Mutter alles Totlosen.
Auf ihrer Bewegung beruht die Werdung
Himmels und der Erden.
Die tiefe Ruhe ist Bewegung in sich selbst.
Ihre Bewegung beruht in sich selbst.

VII

HIMMEL und Erde währen.
Weil sie nicht Eigen leben / darum währen sie.
Weil sie Un-Eigen leben / darum währt ihr Eigenstes.
Also der Erwachte:
Er tritt zurück und ist doch der Führende.
Sich verschwendend gewinnt er sich.
Nichts zu seinem Eigen erraffend /
Vollendet sich sein Eigenstes.

VIII

Höchste Vollkommenheit ist gleich wie Wasser.
Tränkend alle Dinge durchdrängt es sie.
Nie meidet es Niederstes.
Darin gleicht es dem Wesen.
Das Vollkommene des Wohnens zeigt sich in der
Gemäßheit der Stätte.
Das Vollkommene der Gesinnung erweist sich schweigend.
Das Vollkommene der Gesellschaft offenbart sich als
Durchdrängung.
Das Vollkommene der Führung enthüllt sich als
Ausfluß der Großen Ordnung.
Auf blüht Vollkommenheit des Wirkens als
Äußerung innerster Eignung.
Aus drückt sich Vollkommenheit des Tuns als
Eingreifen zur richtigen Stunde.
Das Vollkommene dringt ein.
Der Äußerliche kann ihm nichts anhaben.

IX

BESSER / ein Gefäß ungefüllt lassen /
Als füllen und mit beiden Händen tragen.
Besser / ein Schwert nicht schleifen /
Als schleifen und sich der Schärfe rühmen.
Besser / das Haus ohne Schätze /
Als Schätze und auf der Hut sein müssen.
Fülle und Vorzüge verleiten zu Äußerlichkeit.
Äußerlichkeit leitet ab vom Wesen.
Ist das Werk geäußert / sich ihm entäußern /
Also der Erwachte.

X

WER im Vielen nicht wahrt Beschlossenheit /
Werkt Geteiltheit.
Wer dem Einen sich auftut /
Wirkt Geeintheit /
Und wird lauter / den Himmel im Herzen.
Wer Beschlossenheit wahrt / leitet gut.
Wer dem Einen sich auftut / erreicht Fruchtbarkeit.
Wer den Himmel im Herzen hat /
Braucht nicht Wissen noch Erfahrung /
Denn er erfährt das Wissende.
Das Ungekannte zeugt und ernährt.
Zeugt alle Dinge und enteignet sich ihrer.
Es wirkt ohne Werkung.
Es zwingt / ohne Zwang anzutun.
Das ist das Wunder-Volle des Ungekannten.

XI

Dreissig Speichen treffen die Nabe /
Die Leere dazwischen macht das Rad.
Lehm formt der Töpfer zu Gefäßen /
Die Leere darinnen macht das Gefäß.
Fenster und Türen bricht man in Mauern /
Die Leere damitten macht die Behausung.
Das Sichtbare bildet die Form eines Werkes.
Das Nicht-Sichtbare macht seinen Wert aus.

XII

Übertriebene Farben fährden das Sehen.
Überstiegene Töne töten das Hören.
Überspitzte Kost kostet den Geschmack.
Überreizte Erregung erregt Unnatürlichkeit.
Überhäufter Besitz besitzt den Besitzenden.
Also der Erwachte:
Ihn verleitet nicht Zeitliches.
Ihn leitet das Zeitlose.

XIII

Ehre und Ruhm bedeuten beide Gefährdung.
Was meint das:
Ehre und Ruhm bedeuten beide Gefährdung?
Ruhm bedeutet die Möglichkeit / Ruhm zu verlieren.
Ehre bedeutet die Möglichkeit / entehrt zu werden.
Habe ich nicht vorher Ehre erlangt /
Kann mich nicht nachher Entehrung treffen.
Habe ich nicht vorher Ruhm erlangt /
Ereilt mich nicht nachher Vergessen.
Ehre und Ruhm zielen auf Selbstheit.
Selbstheit ist aller Gefährdungen Born /
Führt zu Spaltung und Beunruhung /
Fernt von Einung und Beruhung.
Wer Selbstheit folgt / verliert sich im Begrenzten.
Wer Allheit folgt / findet sich im Unbegrenzten.

XIV

WIR schauen es / doch sehen es nicht.
Es ist unsichtbar.
Wir hören es / doch horchen es nicht.
Es ist unerhorchbar.
Wir fassen es / doch erfassen es nicht.
Es ist unerfaßbar.
Dies Dreifache ist das untrennbar Einfache.
Es ist das Undurchdringliche und doch das Lichte.
Es flutet und ebbt /
Aus All ins Nichts.
Gestaltung des Gestaltlosen.
Erscheinung des Erscheinungslosen.
Es ist das Fließende / Unnambare.
Man geht ihm entgegen und sieht nicht Anfang.
Man folgt ihm nach und sieht nicht Ende.
Es ist der Kreislauf der Wiederkehr des Ewigen.

XV

DIE Einstigen durchdrängte das Ungekannte /
Darum blieben sie ungekannt.
Die Wortereichen kamen ihnen nicht bei /
Denn das Ungekannte fassen nicht Worte.
Höchstens läßt sich ihre Art kennzeichnen.
Achtsam waren sie / wie solche / die einen Fluß durchwaten.
Wach / wie solche / die gefährdet sind.
Unvertraut / wie solche / die fremd sind.
Unstarr / wie vergehender Schnee.
Unfertig / wie das Vollendete.
Unangefüllt / wie ein Getäle.
Undurchdringbar / wie trübe Flut.
Wie ist möglich / daß Getrübtheit sich kläre?
Nicht beunruhen / dann wird Klärung nach und nach.
Wie ist möglich / daß Beruhung sich feste?
Nicht handeln wollen / dann wird Ruhe nach und nach.
Die Einstigen ruhten in der Leere.
Darum entleerte sie die Ruhe.
Wer da leer ist wird alt und hat nie nötig Erneuerung.

XVI

AUFGETANSEIN in die All-Leere /
Ist Beschlossensein von der Nichts-Fülle.
Was da geblüht hat / vergeht.
Was da vergangen ist / wird wieder blühen.
Was da endet ins Nichts /
Ist unendend wie All.
Dieser Vorgang entspricht der Gesetzmäßigkeit.
Die Gesetzmäßigkeit ist der Maßstab für alle Vorgänge.
Der Vorgang der Gesetzmäßigkeit wirkt Leben.
Der gesetzliche Vorgang werkt Dasein.
Dasein ist Ablauf eines gesetzlichen Vorgangs.
Leben ist Kreisung des Vorgangs der Gesetzmäßigkeit.
Wer in die Kreisung fand ist erwacht /
Aus dem gesetzlichen Vorgang: Dasein
In den Vorgang der Gesetzmäßigkeit: Leben.
Der Erwachte hat das Erhabene des Zeitlosen /
Das Zeitlose des Erhabenen.
Er mittelt das Unmittelbare unmittelbar.
Nicht ausgesetzt Undauerndem / dauert er unausgesetzt.

XVII

Die frühesten Herrscher waren kaum gekannt.
Die späteren wurden verehrt.
Die noch späteren gefürchtet.
Die letzten verachtet.
Wird Gesetzmäßigkeit verlassen /
Werden Gesetze verhängt.
Gesetze schaffen gesetzliche Vorgänge.
Gesetzliche Vorgänge führen zu Zerfall.
Die frühesten Herrscher wahrten Gesetzmäßigkeit.
Und das Volk fühlte sich frei.

XVIII

DAS große Eins-sein erstarb /
Da entstand Güte und Rechtschaffenheit.
Klugheit stand auf /
Da erschien List und Gleisnerei.
Das Blutband zerriß /
Da ward Kindespflicht und Verwandtschaft.
Völker entglitten der Gesetzmäßigkeit /
Da kam Gesetzestreue und Beflissenheit.

XIX

Verzicht auf Heiligkeit / Meidung des Wissens /
Und hundertfach wüchse das All-Gemeinsame.
Verzicht auf Wohlwollen / Meidung der Pflichten /
Und allen gemeinsam wäre das Ursprüngliche.
Verzicht auf Listigkeit / Meidung des Aufwands /
Und Diebstahl und Mord erstürbe in der Gemeine.
Mit diesen Stücken vertrieb man Gesetzmäßigkeit.
Auf kam Sonderung des Innen /
    Gemeinsamkeit des Außen.
Der Einzelne verallgemeinerte in der Gemeinsamkeit /
Nicht aber sonderte das All-Gemeinsame den Einzelnen.

XX

HÄUFUNG des Wissens vergrößert Beunruhung.
Zwischen Sicher und Vielleicht /
Ist da ein Unterschied?
Ist da ein Unterschied zwischen Gut und Schlecht?
Behauptungen zugeben oder bestreiten /
Ermöglicht neue Möglichkeit der Behauptungen.
Die Leute sind glücklich / wie an voller Tafel /
Wie im Frühling auf hohe Türme gestiegen.
Ich scheine gelassen / wunschlos.
Sie haben in Hülle / mich hüllt Nichthaben.
Sie fühlen Sicherheit / mich füllt Chaos.
Sie scheinen erhellt / ich scheine benachtet.
Sie sind voll Sonderheiten / ich scheine unsonders.
Sie stehen / ich schwanke.
Sie kommen vorwärts / Hörige des Ablaufs.
Ich bleibe zurück / ein Nichtdazugehöriger.
Ihre Sonderheiten haben sie gemeinsam.
Ihre Gemeinsamkeit macht sie ununterschieden.
Ich unterscheide mich /
Denn mich nährt das All-Gemeinsame.

XXI

Äusserung höchsten Lebens /
Ist Übereinstimmung mit der Gesetzmäßigkeit.
Übereinstimmung mit der Gesetzmäßigkeit /
Bedeutet Auswirkung des Wesens.
Wesen / unsichtbar / ungreifbar /
Beschließt alle Dinge.
Wesen / undeutbar / unbestimmbar /
Wirkt Werdung aller Dinge.
Wesen / untrennbar / unverbindbar /
Schafft Formung aller Dinge.
Seine Leere ermöglicht Innen Halt.
Innen Halt erzeugt Inhalt.
Inhalt erruht Leben.
Leben erkreist Unvergehen.
Wie geschieht mir dies Wissen?
Indem ich lebe.

XXII

DAS Teil wird zum Ganzen.
Schwaches erfährt Stärkung.
Leere erhält Inhalt.
Vergehendes wird neu.
Den Wunschbefreiten erfüllt Leben.
Den Wunschbeschwerten verläßt Leben.
Also der Erwachte:
Das Eine erdringend / durchdrängt ihn das Eine.
Ohne Selbstbewußtsein / wird es ihm selbst bewußt.
Ohne Selbstbetonung / betont es ihn selbst.
Ohne Selbstbetrieb / treibt es ihn selbst.
Ohne Selbsterhöhung / höht es ihn selbst.
Er ist erhaben /
Niemand kann etwas mit ihm haben.
Der Einstigen Spruch:
Das Teil wird zum Ganzen /
Der Erwachte bestätigt ihn.

XXIII

SICH nicht in Worten verlieren /
So wird Durchdrängung nicht verdrängt.
Ein Wirbelwind währt keinen Morgen /
Ein Platzregen keinen Tag.
Beide sind Himmels und der Erden.
Können Erde und Himmel Unstetes nicht halten /
So viel weniger der Mensch.
Darum:
Wer Stetes hält / dem eint sich die Ordnung des Steten /
Und Stetes wird in ihm Ordnung.
Wer Wesen hält / dem eint sich die Macht des Wesens /
Und Wesen wird in ihm Macht.
Wer Unstetes hält / den behält Unstetes /
Und Unstetes wird über ihn Macht.
Den Un-Erwachten /
Blind für die himmelvolle Leere des Seins /
Beherrscht Daseins himmellose Fülle.

XXIV

Auf Zehen erheben / kein Stehn.
Auf Stelzen schreiten / kein Gehn.
Wer da scheinen will / erleuchtet nicht.
Wer was sein will / unterscheidet sich nicht.
Wer sich rühmt / verdunkelt sich.
Wer sich liebt / entgleitet sich.
Ihn meidet Durchdrängung.
Er ist gleich wie ein faulender Speiserest /
Wie ein unnützer Auswuchs.
Nicht so der Durchdrängte.

XXV

Ein Sein ist / unendsam /
Das war vor Beginnens Anbeginn.
Alles durchdrängend / dennoch unerdringbar.
Tränkende Mutter der Schöpfung.
Es ist das Unnambare /
Gekennzeichnet als Wesen.
Benamt / ausspreche ich: Das Höchste.
Höchst / ist es unfaßbar.
Unfaßbar / ist es beschlossen.
Beschlossen / ist es das Kreisende.
Das Höchste ist Großes /
Der Himmel ist Großes /
Die Erde ist Großes /
Der Mensch ist Großes.
Von allem Großen ist der Mensch eines.
Des Menschen Norm ist die Erde.
Der Erde Norm ist der Himmel.
Des Himmels Norm ist das Wesen.
Das Wesen ist Norm an sich.

XXVI

WAHRHAFT Schweres zeugt wahrhaft Leichtes.
Die tiefe Ruhe beruhigt Unruhe.
Also der Erwachte:
Er wandert leicht / ohne Trennung vom Schweren.
Glänzendes läßt ihn gelassen.
Wo aber Glänzendes bewegt / entsteht Leichtheit.
Benimmt Leichtheit / schwindet Innen Halt.
Ersteht Wogung / vergeht Ordnung.

XXVII

GUTER Gänger braucht nicht Gängelung /
Guter Sprecher braucht nicht Versprechung /
Guter Rechner braucht nicht Berechnung /
Guter Schließer nicht Schloß noch Riegel /
Und doch kann niemand öffnen /
Guter Binder nicht Band noch Strick /
Und doch kann niemand lösen.
Also der Erwachte:
Er beschließt alles in sich /
Niemand kann Einzelnes aus ihm lösen.
Er ist aller Dinge Lösung /
Denn er beschließt alles in sich.
Durchdrängend wird er umfassend.
Die Gehöhten finden zu ihm hinab /
Die Geniederten finden zu ihm hinauf.
So wirkt Wesen zwiefach aus ihm.
Weckend die Alle umfassende Beschlossenheit /
Zeugt es die Beschlossenheit der Einzelnen.
Das ist das Wunder-Volle des Wesens.

XXVIII

SICH zeugend wissen /
Dennoch empfänglich bleiben /
Heißt der Welt Urtrieb leben.
Treibend ins Uferlose /
Uferloses jüngt ihn zur Triebreinheit.
Sich hell wissen /
Dennoch umschattet bleiben /
Heißt der Welt Urbild leben.
Anfangend im Unbedingten /
Unbedingtes jüngt ihn zum Uranfänglichen.
Sich wert wissen /
Dennoch wertlos scheinen /
Heißt der Welt Urgrund leben.
Aufnehmend Gesetzmäßigkeit /
Gesetzmäßigkeit jüngt ihn zum einfältig
Aufnehmenden.
Einfältig aufnehmen können /
Heißt Gefäß des Wesens werden.
Gefäß des Wesens sein /
Heißt höchster Herrscher sein.

XXIX

DIE Welt bewältigen durch Gewalt /
Die Vorgänge ergeben / daß dies unmöglich ist.
Die Welt untersteht dem Walten des Übergewaltigen /
Man kann sie nicht vergewalten.
Sie nehmen wollen heißt sie verlieren.
Sie behandeln wollen heißt sie verwirren.
Denn im Ablauf der Vorgänge bedingt
Vorangehen / Zurückbleiben
Entflammen / Erkalten
Zunehmen / Abnehmen
Gewinnen / Verlieren.
Also der Erwachte:
Ihn lenkt nicht Ungestüm /
Nicht Unruhe /
Nicht Unwesen.

XXX

WALTEN im Einklang mit der Gesetzmäßigkeit /
Ist Walten ohne Gewalt.
Unter Waffen gehen heißt Untergang.
Hinter strengen Herren tobt strengere Herrschung /
Hinter großen Heeren folgt größere Verheerung.
Wahrhafter Kämpfer begnügt sich mit der Entscheidung.
Aus scheidet er Erraffung.
Er brüstet sich nicht seiner Tat /
Und vermeidet ihre Berühmung.
Sein Kampf entspricht der Gesetzmäßigkeit.
Nicht treibt ihn Äußeres zum Äußersten.
Ist Äußerstes erlangt / so ging Einklang verloren.
Was nicht im Einklang ist / hat schnell ausgeklungen.

XXXI

WAFFEN sind Werkzeuge der Trauer /
Verächtlich dem Leben Achtenden.
Nicht drängt der Durchdrängte zu ihnen.
Waffen sind Werkzeuge der Trauer.
Nur gezwungen braucht sie der Erhabene.
Sein Kampf entspricht der Gesetzmäßigkeit.
Beruhung ist des Erhabenen Weise /
Nichts weiß er von den Weisen der Waffenfreudigen.
Waffenfreude ist Mordfreude.
Wen Mordfreude erfüllt / hat Leben verlassen.
Freudenfeier hat Ehrenplatz Links.
Trauerfeier hat Ehrenplatz Rechts.
Ist Sieg / so steht die Truppe links / der Führer rechts.
Sein Platz entspricht der Trauerfeier.
Tötung heißt Trauer schaffen.
Wessen Handwerk Tote schafft /
Der sei wie bei Trauerfeier.

XXXII

WESEN / beschlossen / ist namenlos.
Namenloses Nichts /
Dennoch durch Nichts auf der Welt zu bewältigen.
Verstünde ein König es zu wahren /
Das Volk verstummte / wie in Ehrfurcht vor Erhabenem.
Frei von Führern / die Rechte schaffen /
Schüfe es Rechtschaffenheit aus sich.
Wesen / durchdrängend / wird nambar.
Nambare Vielheit / dennoch den Vielen Waltung weisend.
Verstünden sie Waltung zu erkennen /
Ihr Erdensein wäre frei von Wirrnis.
Des Wesens Beziehung zum Erdensein ist vergleichbar
Den Bächen und Flüssen /
Drängend ins Beschlossene des Meeres.

XXXIII

ANDERE kennen verlangt Wahrnehmung /
Sich kennen verlangt Einsicht.
Andere bezwingen verlangt Stärke /
Sich bezwingen verlangt Durchdrängung.
Wer einsichtig ist / ist unerschöpfbar.
Wer durchdrungen ist / ist unbezwingbar.
Nicht aufgeben Beruhung heißt währen.
Nicht sterben mit dem Tode heißt ewig sein.

XXXIV

Nichts ist / das Wesen nicht durchdrängt /
Alle Dinge wartend / allgegenwärtig.
Alles Lebens Entfaltung nährt Wesen /
Keine Entfaltung ohne Wesens Durchdrängung.
Ist Entfaltung erreicht / nicht drängt es sich auf.
Beherrschend alles / nicht spielt es den Herrscher.
Es gleicht dem Nichtigsten / ist Nichts /
Es ist unansehnlich.
Nichts ist / das nicht rückkehrt in sein Nichts /
Es ist unübersehbar.
Also der Erwachte:
Er entfaltet sich ohne Aufdrängung.
Er erhebt sich nicht /
Durchdrängung macht ihn erhaben.

XXXV

DER Durchdrängte ist fähig /
Die große Ordnung wieder herzustellen.
Er wird Sammelpunkt und verweigert sich Keinem.
Er wirkt Beruhung und Schwere / die leicht macht.
Klang und Sang läßt den Vorübergehenden lauschen /
Das Namenlose aber erscheint unansehnlich / nichts nütz.
Nach ihm sehen / heißt nichts erblicken.
Nach ihm hören / heißt nichts erhorchen.
Doch ständig benützt /
Wächst seine Nützlichkeit ins Beständige.

XXXVI

WILL man nehmen /
Muß man vorher gegeben haben.
Will man schwächen /
Muß man vorher gekräftigt haben.
Will man beschränken /
Muß man Ausdehnung abwarten.
Will man messen /
Muß man Maßstab wissen.
Dies erkennen /
Heißt die geheimen Zusammenhänge erkennen.
Wahre Härte ist nur ein Grad von Zartheit.
Wahre Zartheit ist nur ein Grad von Härte.
Wie der Fisch nicht leben kann ohne Wasser /
So ist nicht Leben /
Wo nicht Gesetzmäßigkeit herrscht.

XXXVII

WESEN kennt nicht Tun um Äußerliches /
Wesen äußert Nicht-Tun /
Doch ist nichts Wesentliches ohne sein Tun.
Könige und Führer / äußerten sie Nicht-Tun /
Alle Geschöpfe würde verwandeln Ursprünglichkeit.
Wären Begehrden /
Ursprünglichkeit lenkte sie zur Einfalt.
Einfalt kennt nicht Tun um Äußerliches /
Einfalt äußert Nicht-Tun.
Nicht-Tun erregt Beruhung /
Beruhung erwirkt Gesetzmäßigkeit.

ZWEITES BUCH

XXXVIII

GESETZMÄSSIGKEIT tut nicht gesetzmäßig /
Daher Gesetzmäßigkeit.
Gesetze tun gesetzmäßig /
Daher nicht Gesetzmäßigkeit.
Gesetzmäßigkeit waltet und ist ohne Tun.
Gesetze verwalten und sind voll Tun.
Der Gesetzmäßige wirkt / ohne Tun.
Der Gesetzliche bewirkt / und tut.
Gesetzlichkeit verwaltet / Waltendes wird vergewaltet.
Darum:
Fehlt Gesetzmäßigkeit / erscheint Liebe.
Fehlt Liebe / erscheint Wohlwollen.
Fehlt Wohlwollen / erscheint Schicklichkeit.
Fehlt Schicklichkeit / erscheint Gesetzlichkeit.
Gesetzlichkeit ist verdorrte Form von Gesetzmäßigkeit.
Gesetzlichkeit ist nur äußerlich Gesetzmäßigkeit.
Also der Erwachte:
Ihn lenkt Durchdrängtes / nicht Verdorrtes /
Lenkt Innen / nicht Außen.
Bewirkt Außen Blindnis /
Wirkt Innen Sicht.

XXXIX

Gesetzmässigkeit ist Walten des All-Einen.
So erstand die Große Ordnung.
So erstand der Erde Beschlossenheit.
So erstand Entfaltungsmöglichkeit.
So erstand Fruchtbarkeit.
Alle Geschöpfe lenkt das All-Eine ins Leben.
Allen Lenkern gibt das All-Eine Richtmaß.
So gesetzmäßig waltet das All-Eine.
Ohne die Große Ordnung wäre nicht All.
Ohne Beschlossenheit wäre nicht Erde.
Ohne Entfaltungsmöglichkeit wäre nicht Leben.
Ohne Fruchtbarkeit wäre nicht Dauer.
Ohne Leben ist nicht Durchdrängung.
Ohne Richtmaß ist nicht Lenkung.
Herrschen geschieht durch Dienen.
Das Hohe fußt im Niederen.
Darum wahrt der Lenker Niedrigkeit /
Beschlossenheit / Gesetzmäßigkeit.
Kennen der Teile verschafft noch nicht Erkennen des Ganzen.
Wer das All-Eine wahrt / entgleitet nicht.
Weder wird man ihn preisen wie Überspitztes /
Noch wird man ihn wegwerfen wie Stumpfes.

XXXX

WESEN / indem es eingeht /
entfaltet es sich
Indem es ruht / wirkt es Wesen.
Allheit entspringt dem Sein /
Sein entruht dem Nichtsein.

XXXXI

DER Durchdrängte ist wesentlich /
Der halb Durchdrängte ist es bald / bald nicht.
Der Verdorrte lacht über Wesentliches.
Lachte er nicht / es wäre nicht das Wesentliche.
Und also wurde gesagt:
Wer erleuchtet ist / ist undurchdringlich.
Wer sich entfaltet / geht ein.
Wer aufgetan ist / ist beschlossen.
Wer erhaben ist / fußt tief.
Wer durchdrungen ist / ist leer.
Wer beruht / beunruhigt /
Und Wenige ersehnen sein Los.
Das unändernd Währende ändert fortwährend.
Endloses Viereck zeigt nicht Ecken.
Endloses Gefäß zeigt nicht Grund.
Endloser Klang zeigt nicht Töne.
Endloses Bild zeigt nicht Form.
Wesen ist verborgen.
Es ist alles Sichtbaren Anfang /
Alles Sichtbaren Ende.

XXXXII

RUHE schuf Bewegung /
Bewegung schuf Befruchtung /
Befruchtung schuf Frucht /
Frucht schuf Vielheit.
Vielheit offenbart das große Dunkel /
Das Vielheit offenbarte.
Vielheit erstrebt die große Helle /
Der Vielheit entstrebt.
Der Atem der Ruhe eint Vielheit.
Die Vielen lieben nicht Beruhung /
Verachten Nichtbeachtung /
Nicht ertragend / daß Bodenloses sie trägt.
So geschieht es / daß Manches wächst /
    indem es minder wird /
Daß Manches minder wird / indem es wächst.
Fülle verdrängt Leben /
Entleert von Leere ist unlebend leben.

XXXXIII

DAS Nachgiebige überwindet das Starre.
Das Nichtsichtbare durchdringt das Sichtbare.
So wird das Tätige des Nicht-Tuns ersichtlich.
Aussagen ohne Worte / Auswirken ohne Tun /
Wenigen gelingt es.

XXXXIV

RUHM oder Wesen /
Was steht näher?
Wesen oder Reichtum /
Was gilt mehr?
Halte Wesen und verliere Jenes.
Halte Jenes und verliere Wesen /
So naht Verdorrung / naht Leblosigkeit.
Haben verhindert Erhaben.
Reichtum verhindert Erreichen.
Wer Fülle meidet / erreicht Erfüllung.
Wer inne hält / erhält Innen Halt.
So naht Durchdrängung /
naht Todlosigkeit.

XXXXV

HÖCHSTE Vollkommenheit erscheint mangelhaft /
So erhält sie sich vollkommen.
Höchste Fülle erscheint als Leere /
So erweist sie sich unerschöpflich.
Höchste Einfachheit erscheint als Verworrenheit.
Höchste Weisheit erscheint als Einfalt.
Höchste Beredsamkeit erscheint als Schweigen.
Fortwährende Bewegung wird Herr der Kälte.
Fortwährende Ruhe wird Herr der Hitze.
Bewegung / beruhend auf Ruhe:
Richtmaß des All-Geschehens für den Einzelnen.

XXXXVI

WIRKT Gesetzmäßigkeit auf Erden /
So ziehen die Kriegsrosse den Pflug.
Bewirken Gesetze Irdisches /
So wachen die Kriegsrosse an den Grenzen.
Kein Übel größer / als Ehre zum Gesetze machen.
Kein Unheil größer / als Handeln zum Ziele setzen.
Kein Mangel größer / als Gewinnsucht besitzen.
Genüge haben verschafft immer genügend haben.

XXXXVII

OHNE hinaus zu gehen / kann man draußen sein.
Ohne hinaus zu sehen / kann man schauen.
Weit hinaus gehen / verhindert eingehen.
Je näher man der Welt ist /
desto weniger sieht man von ihr.
Also der Erwachte:
Er erfährt Fernstes / ohne zu wandern.
Er erkennt / ohne zu kennen.
Er vollendet / ohne zu handeln.

XXXXVIII

Wissen führt zu Mehrung /
Wesen führt zu Minderung /
Es mindert Minderung / bis erreicht ist Nicht-Tun.
So wird alles Wesentliche getan.
Nicht-Tun erreichen /
Heißt Himmel und Erde zu eigen bekommen.
Erschlossen Allem / durchdringt ihn Alles /
Alles durchdrängend / beschließt er Alles.
Wer da Tun hat /
Dem verschließen sich Himmel und Erde.

XXXXIX

DER Erwachte ist nicht bei sich /
Er ist bei Allen.
Gleich zu Guten und Unguten /
wirkt er ausgleichend.
Mäßig zu Rechten und Unrechten /
wirkt er gesetzmäßig.
Er lebt beschlossen im Vielen /
Aufgetan dem Einen.
So treiben die Herzen ihm zu /
Wie zur nährenden Mutter.

L

VORWÄRTSKOMMEN ist Leben genannt /
Eingehen ist Tod genannt.
Drei von Zehn sind Lebenliebende /
Drei von Zehn sind Todfürchtende /
Drei von Zehn sind Lebenliebende und Todfürchtende.
Warum?
Weil sie vorwärts kommen wollen.
Der Eine doch / den Leben durchdrängt /
Schreitet durchs Land /
Und fürchtet nicht Tiger noch Einhorn /
Geht durch den Feind /
Und fürchtet nicht Heere noch Waffen.
Nicht fänden Einhorn und Tiger an ihm
        eine tödliche Stelle /
Noch wüßten die Waffen ihn tödlich zu treffen.
Warum?
Weil er eingeht ins Todlose.

LI

WESEN erschließt alle Dinge.
Erschließend nährt es /
Nährend gestaltet es /
Gestaltend vollendet es.
So ist Gestaltung zugleich Bestätigung des Gestaltenden.
So ist Vollendung zugleich Bestätigung des Beginnenden.
Solches geschieht in der Großen Ordnung /
Nicht geschieht es auf Verordnung.
So ist Erschaffung / doch kein Besitzer.
So ist Inhalt / doch kein Geber.
So ist Reifung / doch kein Wächter.
So ist Erkennen / doch nicht Gekanntes.
Das ist das Geheimnis des Ungekannten.

LII

DAS Unermeßliche / alles Werdenden Ursprung /
Ist alles Gewordenen Mutter.
Erkennen die Mutter / heißt Kindschaft erkennen.
Kindschaft erkennen / heißt fortleben die Mutter.
Fortleben die Mutter befreit von Endlichkeit.
Beschlossen im Vielen / aufgetan dem Einen /
Nie verstrickt Endliches.
Aufgetan dem Vielen / verschlossen dem Einen /
Naht endlose Verstrickung.
Wahrnehmung des Nichtigen erfordert Größe
des Schauens.
Wahren das Zarte ist das Geheimnis der Kraft.
Seine Kindschaft auswirken /
Ist Heimkehren zur Mutter.
Heimkehren zur Mutter /
Befreit von Endlichem.

LIII

JE weniger Wissen / um so mehr Weisheit.
Waltet Weisheit / geschieht Gesetzmäßigkeit.
Gesetzmäßigkeit weist gerade Wege /
Aber die Leute lieben die Seitenwege der Gesetzlichkeit.
Hofhalten und Selbstheit pflegen /
An Tafeln prassen / auf Schwerter schwören /
Besitzbesessen Gesetzlichkeit setzen /
Heißt Einfalt züchtigen und Begehrden züchten.
So verwaisen die Weisen.

LIV

WER in der Leere wurzelt / den wirft nichts um.
Wen die Leere umfängt / den fängt nichts ein.
Wer in die Leere eingeht / geht aus durch die Geschlechter.
Leere im Einzelleben zeugt Fülle /
Im Zusammenleben zeugt Entrückung /
Im Gemeinleben zeugt All-Gemeinsamkeit /
Im Volksleben zeugt Einheit /
Im Weltleben zeugt Gesetzmäßigkeit.
Solchermaßen ist Fülle Maßstab für Einzelleben /
Entrückung Maßstab für Zusammenleben /
All-Gemeinsamkeit Maßstab für Gemeinleben /
Einheit Maßstab für Volksleben /
Gesetzmäßigkeit Maßstab für Weltleben.
Wie geschieht mir dies Wissen?
Durch der Leere Geschehen.

LV

DER Durchdrängte ist gleich wie ein Kind.
Nicht beängstet durch schwirrendes-Insekt /
Noch durch der reißenden Tiere Begier /
Nicht behemmt durch Wissen um Geschlecht /
Dennoch Wirkzeug des Urtriebs /
Erweist sich seines Leibes Vollkommenheit.
Widerstandsfähig wie eben ein Kind /
Das stundenlang schreit ohne heiser zu werden /
Erweist er Einklang mit der Gesetzmäßigkeit.
So im Einklang vollzieht an ihm
Sich das Geheimnis des Ungekannten.
Alles Wissens Fülle stäubt ihm zu Weisheit.
Verharren bei Daseins Gesetzen nennt man Stärke.
Doch Verharren führt zu Erstarren.
Gegen Gesetzmäßigkeit Gesetztes geht schnell gen Ende.

LVI

DER Durchdrängte redet nicht /
Wer da redet / ist nicht durchdrängt.
Durchdrängt / ist er beschlossen /
Aufgetan ins Beschlossene.
Nicht einnehmend Standpunkte /
Nicht benimmt ihn Verwirrung.
Befreit von Selbstheit /
Ist er Allen zunächst.
Doch nicht berührt von Freundung wie Feindung /
Von Vorteil wie Nachteil /
Von Berühmung wie Berümpfung /
Ist er unnahbar.

LVII

Mit Gesetzlichkeit mag man verwalten /
Mit Geschicklichkeit mag man vorwärts kommen.
Aber der wahre Herrscher herrscht durch Nicht-Tun.
Der Ablauf der Vorgänge ergibt:
Je mehr Verwaltung / um so mehr Gewalt.
Je mehr Verordnung / um so mehr Übertretung.
Je mehr Waffen / um so mehr Unruhe.
Je mehr Gesetzlichkeit / um so weniger Gesetzmäßigkeit.
Also der Erwachte:
Er meidet Verwaltung /
Und die Leute fühlen sich frei.
Er meidet Verordnung /
Und die Leute erfühlen die Große Ordnung.
Er meidet Schärfe /
Und die Leute entzweit nicht Tun.
Er wahrt Gesetzmäßigkeit /
Und die Leute finden sich im Nicht-Tun.

LVIII

WALTET Nicht-Tun / ist einfaches Volk.
Verwaltet Tun / ist verwirrtes Volk.
Gesetzlichkeit begräbt Gesetzmäßigkeit.
Immer belauert Gesetzlichkeit Gesetzmäßigkeit.
Doch verbessern heißt stets verschlimmern.
Verordnung bringt aus der Ordnung.
Einfach verkehrt sich in Verworren.
Unbedingt verkehrt sich in Bedingt.
Blindnis überwältigt /
Nicht erleuchtet das Überwältigende.
Darum der Erwachte:
Er gleicht einem Viereck / ohne Kanten.
Er gleicht einem Winkel / ohne Spitze.
Er gleicht einem Fels / ohne Schärfe.
Er gleicht einem Licht / ohne Blendung.

LIX

Das Volk vorwärts treiben zur Vollendung /
Geschieht durch Zurückbleiben.
So findet das Volk ins Uranfängliche.
Uranfänglich werden /
Heißt wieder erlangen die Fülle der Leere.
Solche Fülle enthebt der Mängel.
Enthoben sein ist Erhaben sein.
Erhaben sein ist Begrenzung verlieren.
Begrenzung verlieren ist Teil des Grenzenlosen sein.
Teil des Grenzenlosen sein ist währen.
Währen ist wie das Mütterliche sein.
Es wurzelt im Bodenlosen und treibt ins Uferlose.
Es geht ein /
Und doch verlischt nicht die Spur seines Unvergehens.

LX

Ein großes Reich regieren verlangt Ruhe /
Gleich wie das Sieden kleiner Fische.
Soll Gesetzmäßigkeit walten /
Bedarf es keiner Verwalter.
Sind nicht Verwalter /
Fühlt das Volk sich nicht bedrängt.
Nicht bedrängt /
Verdrängt es Aufdringlichkeit der Wissensreichen.
So naht das Wissen Reichende.

LXI

DAS große Reich hält sich hoch /
Indem es sich tief hält.
Tiefem Talbett streben die Flüsse zu.
Es sei wie das Mütterliche / das Unübersehbare /
Das Alle übersehen.
Unsichtbar dienend / zwingt es das Sichtbare.
Das große Reich gewinnt die kleinen /
Unsichtbar dienend.
Unsichtbar dienend /
Gewinnen die kleinen Reiche das große.
Jenes gewinnt Anhänger / diese gewinnen Schutz.
Beides geschieht durch unsichtbar Dienen.
Zwingt so das große Reich das Vielfache ins Einende /
So zwingen die kleinen Reiche das Einende ins Vielfache.
Also waltet das Große /
Durch unsichtbar Dienen.

LXII

DAS Beschlossene beschließt alle Dinge /
Erschlossen den Durchdrängten /
Bereit / sich den Verdorrten zu erschließen.
Worte / die es tränkt / aussagen das Eine.
Tun / das es erwirkt / zeitigt Wirkung des Nicht-Tuns.
Und besäße einer die Erde /
Und opferte alles Erdischen Pracht /
Nicht gliche es der Gabe / die Hingabe erreicht.
Hingabe erreicht Durchdrängung.
Durchdrängung war der Einstigen Besitz.
Nicht Erdisches besitzend / nicht besessen /
Blieben sie aufgetan dem Beschlossenen.
Das Beschlossene gibt selbst Verdorrtem wieder Saft /
Darum schätzten die Einstigen es als das Höchste.

LXIII

WESENTLICHES tun / erfordert Nicht-Tun /
Erfordert Vollführen / ohne Wissen um Vollführung
So ist Wahrnehmung des Ganzen /
Ohne Behemmung durch Einzelnes.
Das Große im Kleinen sehen /
Das Eine im Vielen sehen /
So erkennt man Gesetzmäßigkeit.
Gesetzmäßigkeit vollführt bevor Vorhandensein ist.
So ist Vollbringung des Schweren / weil leicht
zu vollführen.
So ist Vollbringung des Großen / weil klein begonnen.
Alles Schwere entruht dem Leichten.
Alles Große entwird dem Kleinen.
Der Erwachte tut nicht Großes /
Darum vollbringt er Großes.
Wer viel verspricht / hält wenig.
Wer alles leicht findet / findet alles schwer.
Der Erwachte wird schwer befunden.
Seine Schwere macht leicht /
So vollbringt er leicht Schweres.

LXIV

DAS noch nicht Wogende ist leicht beruhigt.
Noch nicht Gekommenem ist leicht zuvor zu kommen.
Das noch Spröde ist leicht zerbrochen.
Das noch Winzige ist leicht zerstreut.
Begegne den Dingen / bevor sie da sind.
Gib Richtung / bevor sie Berichtigung heischen.
Ein Baum entsproßt haarfeiner Wurzel.
Ein Turm hat eine Erdscholle zum Grund.
Die längste Wanderung beginnt mit dem ersten Schritt.
Wer handelt / verdirbt.
Wer festhält / verliert.
Der Erwachte handelt nicht / so erspart er Behandlung.
Er besitzt nicht / so erspart er Verlust.
Nicht handeln wollen / so verdirbt nichts durch Behandlung.
Beendung bedenken bevor Beginn ist /
So verscherzt man nicht Erreichen.
Der Erwachte begehrt Begehrdenlosigkeit /
Besitzt Besitzlosigkeit /
Erlernt Verlernen /
Achtet das nicht Beachtete /
Verwirklicht das nicht Wirkliche /
Betätigt Nicht-Tun.

LXV

DIE Einstigen / die Durchdrängung einte /
Lehrten nicht Wissen.
So erwies sich die Weise der Weisen.
Volk / wissensbeschwert / ist schwierig zu lenken.
Förderung des Wissens erweist Vergrößerung der
Unordnung.
Förderung der Einfalt erweist die Große Ordnung.
Richtmaß erkennen /
Heißt das Geheimnis der Gesetzmäßigkeit erschließen.
Der Gesetzmäßige unterscheidet sich.
Er hat das Einende der großen Unterschiedlichkeit.

LXVI

DASS Meere und Ströme Zustrom erhalten /
Geschieht durch ihre Niedrigkeit.
Alle Gewässer drängen ihnen zu /
Berührung erstrebend mit ihren Herrschern.
Also der Erwachte:
Er ragt hervor / indem er sich tief hält.
Er ist Führer / indem er zurücksteht.
So fühlen die Vielen sich nicht berührt.
So schafft er Ausgezeichnetes / ohne Auszeichnung.
So drängt man ihm zu und erreicht Durchdrängung.
Der Erwachte erschließt Berührung.
Beschlossen / ist er unberührbar.

LXVII

DIE Welt begutachtet das Wesentliche /
Aber es scheint ihr nicht brauchbar /
Nicht brauchbar für ihre Wirklichkeit.
Das aber ist das Wesentliche /
Daß es nicht brauchbar ist für ihre Wirklichkeit.
Denn ihre Wirklichkeit ist nicht Wesens Verwirklichung.
Ich wahre drei Werte / die währen.
Der erste ist Teil sein.
Der zweite ist Einfältig sein.
Der dritte ist Zurückbleiben.
Durch Teil sein bekomme ich Beschlossenheit.
Durch Einfältig sein erfaltet sich mir das Eine.
Durch Zurückbleiben komme ich weiter.
Allewelt verwirft Teil sein /
Obwohl sie für Persönlichkeit schwärmt.
Allewelt verwirft Einfältig sein /
Obwohl sie für Ursprünglichkeit schwärmt.
Allewelt verwirft Zurückbleiben /
Obwohl sie für Fortschritt schwärmt.
Aufgeben Zurückbleiben bedeutet Begängnis des Lebens.
Aufgeben Teil sein bedeutet Erliegen dem Dasein.

LXVIII

Guter Herrscher ist nicht herrisch.
Guter Krieger ist nicht kriegerisch.
Guter Richter berichtigt nicht.
Guter Zwinger bezwingt nicht.
So erweist sich die Verwirklichung des nicht Wirklichen.
So erweist sich die Bewegung des Beruhenden.
So erweist sich der Zusammenschluß des Beschlossenen.
Des Wesens Weise.

LXIX

Ein großer Feldherr sagte:
Nicht gewähre ich Gastrecht dem Krieg /
Besser ich spiele den Gast.
Besser / um einen Fuß zurück weichen /
Als um einen Zoll vorgehen.
Das heißt rühren / ohne sich zu berühren.
Das heißt vorschreiten / ohne vor zu schreiten.
Das heißt behalten / ohne zu halten.
Das heißt gewinnen / ohne zu nehmen.
Kein Unglück größer als leichtfertig Kriegen /
Weil leicht verloren ist Leisheit.
Mit Leisheit schwindet das Tiefste /
Als welches ist das Höchste.
Von zwei Streitern siegt der Leisere.

LXX

MEINE Worte führen Viele im Munde /
Doch Wenige vollführen sie.
Was ich sage / umschließt das Eine / das Alles umschließt.
Was ich vollführe entspricht der Gesetzmäßigkeit /
Die Alles vollführt.
Gesetzmäßigkeit übersehend / übersieht man mich.
Wenige übersehen mich nicht /
Eben das unterscheidet mich.
Das Hehre ist wie ein hären Kleid /
Beschlossen / erschließt es seine Schätze tief Innen.

LXXI

DAS Wissende haben / doch nicht wissen darum /
So ist Durchdrängung erreicht.
Wissen / und darum wissen /
So naht Verdorrung.
Verdorrung fürchten /
So ist Bewahrung vor Verdorren.
Der Erwachte fürchtet Verdorren /
So ereilt ihn nicht Fürchterliches.

LXXII

Übersehen die Leute das Unübersehbare /
So naht unabsehbares Elend.
Macht sie nicht stumpf ihrem Selbst nachlaufen.
Macht sie nicht leben / als wäre Leben Hast und Last.
Ist Meidung dessen /
Das sie stumpf ihrem Selbst nachlaufen läßt /
So geschieht nicht /
Daß Hast und Last ihr Leben ausmacht.
Der Erwachte weiß / ohne daß er Wissen sammelt.
Er hält sich wert / doch hält sich nicht hoch /
Darum hält ihn das Höchste.
Gehalten vom Höchsten /
Macht Sehen das Nicht-Sichtbare.

LXXIII

ZEITIGT Mut Gefahr für Gesetzlichkeit /
Erfolgt Zeichnung.
Zeitigt Mut Verdienst für Gesetzlichkeit /
Erfolgt Auszeichnung.
Gesetzlichkeit heißt das eine nützlich /
Das andere schädlich.
Wem aber ist Gesetzmäßigkeit Maßstab?
Darum werkt der Erwachte nicht / er wirkt.
Er streitet nicht und bekommt doch.
Er spricht nicht und erhält doch Antwort.
Er ruft keinem und hat doch Zustrom.
Seine Weise ist Beruhung /
Und doch ist Bewegung / unmerklich aber wirksam.
Das Netz des All-Geschehens hat weite Maschen /
Niemand merkt es / niemand entgeht ihm.

LXXIV

WEIL die Vielen an ihrem Leben hängen /
Darum kann man sie mit dem Tod schrecken.
Wäre Leben / so lebten sie Eingehen /
Wer im Leben könnte dann mit dem Tod schrecken?
Es ist ein Vollführer.
Wer da vollführt an seiner Statt /
Gleicht dem / der statt des Holzfällers die Axt führt.
Der kommt selten davon / ohne sich zu verletzen.

LXXV

DIE unten sind stumpf /
Weil Die oben überspitzt sind /
Darum sind Die unten stumpf.
Die unten sind ungelenk /
Weil Die oben zu viel lenken /
Darum sind Die unten ungelenk.
Die Vielen nehmen das Sterben nicht groß /
Weil ihr Leben zu klein verläuft /
Darum nehmen sie das Sterben nicht groß.
Geht die Welt aufs Außen aus /
So achtet niemand Eingehen.

LXXVI

UNSTARR geht der Mensch ins Leben ein.
Verliert er Leben / ward er starr.
Ist Treibendes unstarr / so ist Eingehen.
Setzt Erstarren ein / so ist Zerfall.
Beginnt Starr und Fertig / beginnt Ende.
Währt Unstarr und Unfertig / ist endloser Beginn.
Darum ist nicht Sieger / wer Kraft ausbreitet.
Dadurch daß er Kraft ausbreitet /
Lädt der Baum zum Fällen.
Dadurch daß er Kraft ausbreitet /
Verliert der Mensch Leben.

LXXVII

DIE Weise der Leere ähnelt dem Spannen des Bogens /
Die Wölbung strecken / die Höhlung füllen /
Durch Fülle leeren / durch Leere füllen.
So erweist sich / daß dem Vollen genommen wird /
Daß dem Leeren gegeben wird.
Nicht so des Menschen Weise:
Er nimmt dem / der bekommen sollte /
Und gibt dem / der hat.

LXXVIII

NICHTS Nachgiebigeres in der Welt als Wasser /
Dennoch zwingt es das Härteste.
Groß im Aufgeben / ist es groß im Erreichen.
Nicht greifbar / ergreift es.
Das Nicht-Sichtbare überwindet das Sichtbare.
Unstarr übernimmt Starr.
Jeder weiß es / Keiner erweist es.
Wer erträgt / wird getragen.
Wer sich aufgibt / behauptet sich.
Wunder-Volles klingt wunderlich.

LXXIX

NACH lautem Hader bleibt stiller Hader.
Er erlischt nicht.
Der Erwachte ist Wirkzeug des Beschlossenen /
Er hadert nicht.
Der Erwachte muß / ihn bindet Gesetzmäßigkeit.
Die Vielen wollen / sie verbindet Gesetzlichkeit.
Das Beschlossene beschließt alle Geschöpfe /
Doch nur den Durchdrängten erschließt es sich.

LXXX

EIN leises Land / einfältig Volk /
Befreit von Wissen / erwiese das Ungekannte.
Ehrend Kreisung / fürchtend Entkreisung /
Ehrfürchtig priese man das Tod Genannte.
Nicht wäre Unbleibens um zu erraffen.
Helme und Waffen hingen ungebraucht.
Schiffe und Wagen führen nicht.
Man griffe wieder zu Knotenschnüren statt Schrift.
Es schmeckte die Kost /
Und einfach fiele das Kleid.
Die Stuben wären Stätten der Stille.
Der Leere Fülle macht das Herz weit.
Und stünden die Wände der Nachbarn so nahe /
Daß man Hunde und Hähne herüber hörte /
Nicht fände man Zeit / einander die Hände zu geben.
Gesetzmäßigkeit triebe lang Leben.
Es bliebe Beschlossenheit.

LXXXI

WAHRE Worte sind nicht gefällig /
Gefällige Worte sind nicht wahr.
Die Wortereichen reichen das Leblose.
Der Lebende bereichert durch das Wortlose.
Wissen verdrängt Weisheit.
Das Wissende haben heischt Nicht-Wissen haben.
Der Erwachte sammelt nicht und hat doch.
Je mehr er vergibt / um so mehr erwirbt er.
Je mehr er erwirbt / um so mehr vergibt er.
Des Wesens Weise ist: Erschließen ins Beschließende.
Des Erwachten Weise ist: Beschließen ins Erschließende.